1판 1쇄 인쇄 2024년 4월 16일
1판 1쇄 발행 2024년 4월 30일

원작 | 다흑
만화 구성 | 박지영(옥토끼 스튜디오)
발행인 | 심정섭 **편집인** | 안예남
편집팀장 | 최영미 **편집** | 이선민, 김은솔
표지 및 본문 디자인 | 권규빈
브랜드마케팅 | 김지선
출판마케팅 | 홍성현, 김호현 **제작** | 정수호

발행처 | (주)서울문화사
등록일 | 1988년 2월 16일 **등록번호** | 제 2-484
주소 | 서울특별시 용산구 새창로 221-19 (한강로2가)
전화 | 02-791-0708(구입) 02-799-9171(편집) 02-790-5922(팩스)
출력 | 덕일인쇄사 **인쇄처** | 에스엠그린

ISBN 979-11-6923-879-3
　　　 979-11-6923-862-5 (세트)

ⓒ다흑. ALL RIGHTS RESERVED.
ⓒSANDBOX NETWORK Inc. ALL RIGHTS RESERVED.

그린바실리스크

- 키: 60~80cm
- 수명: 7~10년
- 서식지: 중앙아메리카, 멕시코 남부 콜롬비아
- 특징: 천적을 만나면 물 위를 빠르게 달려서 달아납니다. 수컷은 볏이 머리 위에 하나, 등에 하나, 꼬리 위에 하나씩 총 세 개가 있지만, 암컷은 머리 위에만 볏이 있습니다.

베일드카멜레온

- 키: 50~70cm
- 수명: 10~15년
- 서식지: 예멘, 사우디아라비아같은 건조한 고원지대
- 특징: 머리가 투구처럼 솟은 게 특징으로, 주로 식물의 잎, 곤충, 과일을 먹습니다. 끈적끈적한 긴 혀를 가지고 있고 눈에 눈꺼풀이 있으며, 각각의 눈이 180도로 회전할 수 있어 두 방향을 동시에 볼 수 있어요.

비어디드래곤

- 키: 40~60cm
- 수명: 10~20년
- 서식지: 호주의 건조한 사막
- 특징: 호주의 사막 동부, 중부 지역에 따라 다양한 비어디드래곤이 살고 있어요. 사막 비어디드래곤은 넷째 등톱 비어디드래곤은 사나워요. 그리고 꼬리와 몸부분에 신경이 없습니다.

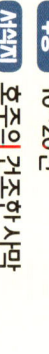

기둥테일아르마딜로

- 키: 약 10cm
- 수명: 최대 10년
- 서식지: 남아프리카사부 해안, 에메랄드 사막 지역
- 특징: '갑옷을 두른 작은 동물'이라는 스페인어에서 유래되었어요. 사부 지역 바위 지대에 30~60마리가 무리 지어있는 지역이있지. 해가 떠 있는 낮에는 은신처이자 서식지인 바위 위로 올라와 일광욕을 합니다.

동물 대탐구 카드를 모아 보세요!

팬서카멜레온

- **크기** 수컷 약 20cm, 암컷 약 10cm
- **수명** 암컷 2~3년, 수컷 3~5년
- **서식지** 마다가스카르섬
- **특징** 마다가스카르섬에 사는 카멜레온 중에 색이 가장 예쁜 카멜레온입니다. 지역에 따라 다양한 색을 띠는데 수컷의 몸이 더 화려하고 몸에 가로로 흰 줄이 나 있어 구별하기 쉽습니다.

레드아이아머드스킨크

- **크기** 15~20cm
- **수명** 10~15년
- **서식지** 인도네시아와 뉴기니섬의 높은 산림지대
- **특징** 인도네시아와 뉴기니섬의 고도가 높은 산림지대에 살고 있는 야행성 동물이에요. 육지에서도 살고 물속에서도 생활하는 야행성이라 이들을 관찰하려면 주로 밤에 찾아야 해요. 가장 활동적이에요.

카이만리자드

- **크기** 90~120cm
- **수명** 10~15년
- **서식지** 남아메리카 북부, 브라질, 가이아나 등
- **특징** 몸은 악어의 표피처럼 울퉁불퉁하고 악어처럼 앞으로 납작한 꼬리를 가져 'Caiman(악어)'이라는 이름이 붙었어요. 다리가 튼튼하고 긴 발가락 끝에 날카로운 발톱이 있어 나무에 잘 오릅니다.

시작하는 글

반갑습니다! 다정한 남자 다흑입니다.
지구상에는 다양한 생물이 많이 살고 있어요. 저는 세상에 있는 모든 희귀 생물이 궁금해 세계 곳곳에 숨어 있는 생물을 찾아 탐험하러 가거나, 애정을 담아 직접 키우고 있답니다.

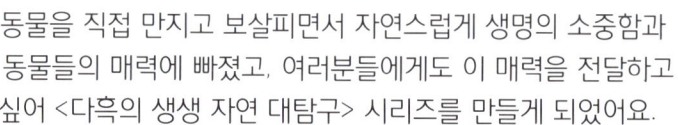

동물을 직접 만지고 보살피면서 자연스럽게 생명의 소중함과 동물들의 매력에 빠졌고, 여러분들에게도 이 매력을 전달하고 싶어 <다흑의 생생 자연 대탐구> 시리즈를 만들게 되었어요.

첫 번째 시리즈에는 도마뱀과 카멜레온을 소개하려고 해요. 여러분들은 '파충류' 하면 어떤 동물이 떠오르나요? 파충류는 생각보다 징그럽거나 무서운 동물이 아니랍니다. 교감을 나누고 친해질 수 있는 멋지고 매력적인 친구들이죠. 마치 도마뱀과 카멜레온처럼요.

이 책은 어린이를 위한 생물 탐구 캡쳐북이에요. 동물들을 실제로 만나는 것처럼 생생하게 보고 느낄 수 있도록 하였답니다. 또한 초등 과학 교과 연계로 알찬 과학 상식을 습득하는데 도움이 될 거예요. 동물의 한살이 과정이나, 사육 정보를 유튜브 영상으로도 볼 수 있어요.

어린이 친구들이 이 책을 읽으면서 다양한 동물에 대해 차근차근 알아 갔으면 합니다. 그리고 동물을 아끼고 사랑하는 마음으로 바라봐 주고, 생명의 소중함을 여기는 사람으로 성장하길 바랍니다.

다흑 소개

반갑습니다!
다정한 남자 다흑입니다!

이색 동물 관찰 전문 유튜브 크리에이터예요.
세상 모든 희귀 생물이 궁금해 다양한
생물을 탐험하러 떠나는 호기심 많은 열혈
생물 탐험가입니다.

다흑과 함께 탐험하는 반려견

집에서 편하게만 생활하다가
다흑의 꼬임에 넘어가 전 세계를 탐험하게
된 다흑의 파트너입니다.
다흑과 종종 싸우기도 하지만 퍙이의
활약으로 위기 상황을 탈출하기도 하는
환상의 파트너입니다.

다흑의 반려 도마뱀

여행 가방에 숨어들어와,
세계 탐험을 떠나게 되어요.
감정에 따라 색이 변합니다.

차례

시작하는 글 & 다흑 소개 · 2p

프롤로그. 다흑에게 물어봐! · 6p

1장. 다흑의 신기한 **도마뱀과 카멜레온**

1화. 귀여운 카멜레온이 왔어요. · 12p
2화. 솔방울을 닮은 싱글백스킨크. · 20p
3화. 눈이 빨간 레드아이아머드스킨크. · 28p
4화. 숏다리 도마뱀 오셀레이트스킨크. · 36p
5화. 희귀 도마뱀 일렉트릭블루데이게코. · 44p
6화. 도마뱀의 탈피를 도와줘요. · 52p

2장. 브리더들의 **도마뱀과 카멜레온** '키우기'

7화. 워터모니터를 소개합니다. · 66p
8화. 사람을 좋아하는 사바나모니터. · 74p
9화. 방 안에 도마뱀이 가득해요. · 82p
10화. 알록달록 예쁜 카멜레온을 만났어요! · 94p
11화. 신기한 드래곤 도마뱀을 만나러 가요. · 104p
12화. 카이만리자드와 이구아나의 등장! · 112p

에필로그. 다흑에게 온 질문 · 130p

다흑이 알려 줄게!

1. 도마뱀에 대해 알아보아요. · 34p
2. 카멜레온에 대해 알아보아요. · 62p
3. 다양한 도마뱀을 알아보아요! · 92p
4. 도마뱀 플러스 상식 · 124p
5. 깜짝 퀴즈 정답 풀이 · 126p

초등 과학 교과 연계
1. 초등학교 3학년 1학기 _동물의 한살이
2. 초등학교 3학년 2학기 _동물의 생활

프롤로그

다흑에게 물어봐!

평소 sns로 자주 소통을 하는 다흑, 오늘도 독자들이 궁금해하는 동물에 대해 답을 주고 있었는데….

실시간 채팅

다흑 님! 안녕하세요!
잘 지내셨나요?
저 또 궁금한 게 생겨서 왔어요. ㅎㅎ

안녕하세요!
오! 오늘은 어떤 동물이려나요?

ㅎㅎ 요즘 도마뱀에 관심이 생겼거든요.
잠시만요, 제가 사진을 찾아올게요!

바로 이 친구예요!

실시간 채팅

 이 도마뱀 이름을 알 수 있을까요?

아! 이 도마뱀 알죠.
레오파드게코예요.
그런데 갑자기 이 도마뱀은 왜요?

 아~ 다흑 님 영상을 계속 보다 보니
도마뱀이 기르고 싶어지더라고요.

아! 정말요?

레오파드게코는 알록달록한 색깔로
매력을 뽐내는 친구라서 도마뱀을 좋아하는 친구들
사이에서도 인기가 많아요.

 그렇군요! 색깔도 다양하나요?

당연하죠!

실시간 채팅

색깔 예쁘죠?

진짜 예뻐요!

키우기도 쉬우니 처음 키우는 친구들한테 추천해요!

네! 감사해요!

다흑 님!
저 또 물어보고 싶은 도마뱀이 있는데요.

실시간 채팅

음… 뭔가 제 영상에 나온 도마뱀 같은데요?

앗 정말요?

제가 영상 몇 가지 추천하면서 도마뱀에 대해 설명해 드릴게요! 같이 찾아 봅시다!

네! 좋아요!

〈다흑의 생생 자연 대탐구〉 시작합니다!

신기한 도마뱀과 카멜레온을 만나러 가자!

초등 과학 교과 연계

1. 초등학교 3학년 1학기 _동물의 한살이
2. 초등학교 3학년 2학기 _동물의 생활

1화

초등교과 연계
3학년 2학기: 동물의 생활

귀여운 카멜레온이 왔어요.

안녕, 친구들 오늘은 귀여운 카멜레온이 왔어요!

바로 국내에서 태어난 베일드카멜레온 새끼들입니다!

베일드카멜레온

우아 귀엽다멍!

베일드카멜레온이란?
베일드카멜레온은 예맨과 사우디아라비아 등 건조한 지역에 살아요. 머리가 투구처럼 솟은 게 특징이며, 주로 식물의 잎, 곤충, 과일을 먹습니다.

와르르

손에 한번 쏟아 볼까요?

환기가 잘 되는 방충망같은 사육장

팬서카멜레온은 방충망같이 생긴 사육장에서 기르는 게 좋아요.

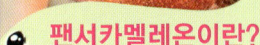
팬서카멜레온이란?
팬서카멜레온은 마다가스카르 동부와 북부에서 발견되는 카멜레온의 일종이에요. 색깔은 장소에 따라 다르고 수컷이 암컷보다 더 선명해요.

화려~

팬서카멜레온은 베일드카멜레온보다 몸 색깔이 더 화려해요.

은은~

다흑 님, 얘는 왜 색깔이 달라요?

암컷이라서 그래! 수컷과 달리 수수한 편이야.

이제 카멜레온에 대해 조금은 알았을까?

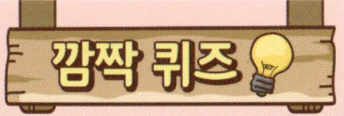
깜짝 퀴즈

카멜레온은 온도와 기분에 따라 색이 바뀐다?

정답과 설명은 126p에서 확인!

2화
초등교과 연계
3학년 2학기: 동물의 생활

솔방울을 닮은 싱글백스킨크.

오늘 친구들에게 소개해 줄 특별한 생물의 정체는 귀하디귀한 싱글백스킨크입니다.

싱글백스킨크

짜 잔

← 아스퍼 한 쌍

싱글백스킨크에는 루고사와 아스퍼라는 종이 있어요.

오돌 토돌

안녕?

몸이 솔방울 같아요!

싱글백스킨크란?
스킨크(skink)는 다리가 아주 짧거나 아예 없는 도마뱀을 말해요.
싱글백스킨크는 몸에 난 비늘과 꼬리 모양이 마치 솔방울 같아서 '솔방울꼬리도마뱀'이라고도 불립니다.

깜짝 퀴즈

초성으로 쓰인 도마뱀의 종류를 맞혀봐!

수명이 40~50년으로 길고, 평생 하나의 짝을 갖는 도마뱀의 이름은 무엇일까요?

ㅅㄱㅂㅅㅋㅋ

정답과 설명은 126p에서 확인!

3화
초등 교과 연계
3학년 2학기: 동물의 생활

눈이 빨간 레드아이 아머드스킨크.

머리 위의 뿔이 마치 용처럼 생겨 독특한 외모로 인기가 많은 아머드스킨크를 소개할게요.

레드아이 아머드스킨크

종 기

옹 기

애니메이션 캐릭터 같다멍.

레드아이아머드스킨크란?
눈 주위가 빨간색이며 온몸이 딱딱한 비늘로 덮여 있어서 갑옷을 두른 것 같아요. 수명은 약 10~15년이며 길이는 약 15~20cm입니다. 인도네시아와 뉴기니섬의 고도가 높은 산림 지대에 살고 있는 야행성 동물이에요.

스 윽

어떻게 만지는지 보여줄게요.

레드아이 아머드스킨크는 우리가 영화에서 볼 수 있는 멋있는 드래곤과 많이 닮았죠?

레드아이 아머드스킨크는 키우는 방법만 알면 쉽게 키울 수 있는 파충류예요.

예전에는 사육 방법에 대한 정보가 부족해서 일반 도마뱀처럼 따뜻하게 키우다가 죽는 경우가 많았어요.

난 서늘한 걸 좋아해~.

생물의 정보 없이 무작정 키우면 안되겠다멍!

레드아이아머드스킨크 사육 TIP
위험에 처했을 때 미리 만들어 둔 은신처로 대피할 줄 아는 똑똑한 도마뱀이지만, 소심하고 예민해서 사육 환경에 신경 써야 해요. 사육장은 비교적 서늘한 온도인 22~28도로 만들어 줘야 하고 습도는 60~80% 정도로 맞추는 것이 좋아요.

다흑 님 친구들에게 잘 키우는 방법도 알려 주세요!

덥 석

나에 대해 궁금해?

내가 기본적인 정보를 알려 줄게!

- ✓ 온도를 높여주는 스팟 램프는 필요하지 않아요.
- ✓ 바닥은 습기 바닥제인 에코어스를 깔아줍니다.
- ✓ 커다란 물그릇과 은신처를 준비해 주세요.
- ✓ 비타민D3가 포함된 칼슘제와 비타민제를 주 1회 공급해 주세요.
- ✓ 먹이는 밀웜이나 귀뚜라미, 지렁이를 줍니다.

밀웜

다흑 님~ 아머드가 움직이질 않아요!

너무 놀라지 마~ 아머드는 천적이 잡아먹으려고 하면 죽은 척을 하거든.

눈치 보고 있는 아머드

습하면서도 서늘한 환경을 만들어 줘야 잘 자라요~!

그럼, 다들 안녕~.

이 점만 주의하면 건강하게 잘 키울 수 있을 거예요!

깜짝 퀴즈

빈칸에 들어갈 알맞은 정답을 골라 봐!

드래곤을 닮은 아머드스킨크는 신체 부위인 ____에 따라 이름이 바뀌는데 어떤 신체 부위일까요?

1. 눈   2. 다리   3. 꼬리

정답과 설명은 126p에서 확인!

도마뱀에 대해 알아보아요!

초등 교과 연계
3학년 1학기: 동물의 한살이
3학년 2학기: 동물의 생활

파충류란?

파충류는 피부가 딱딱한 비늘이거나 몸이 등딱지로 덮여 있어요. 파충류에는 도마뱀, 거북, 뱀, 악어 같은 동물이 있으며, 주변 온도에 따라 몸의 온도가 변하는 변온동물입니다. 따뜻한 곳과 추운 곳을 왔다 갔다하며 체온을 조절해요.

도마뱀의 특징

도마뱀은 파충류 중에 가장 종류가 많아요. 도마뱀의 어원은 '도막' 난 '뱀'으로 적으로부터 도망갈 때 꼬리를 자르는 도마뱀의 행동 때문에 붙은 이름입니다.

- 도마뱀은 열대 우림, 사바나, 온대 기후 지역 등 전 세계에 분포해요.
- 기본적으로 네발동물이지만, 무족도마뱀과 뱀붙이도마뱀처럼 다리가 퇴화한 종도 있어요.
- 파충류 중에서도 도마뱀은 몸의 색 변화가 가능한 종이 많아요.
- 뱀과 달리 탈피 할 때 허물을 조각조각 내서 벗어요.
  (엘리게이터리자드와 같은 몇몇 종은 한번에 허물을 벗어요.)

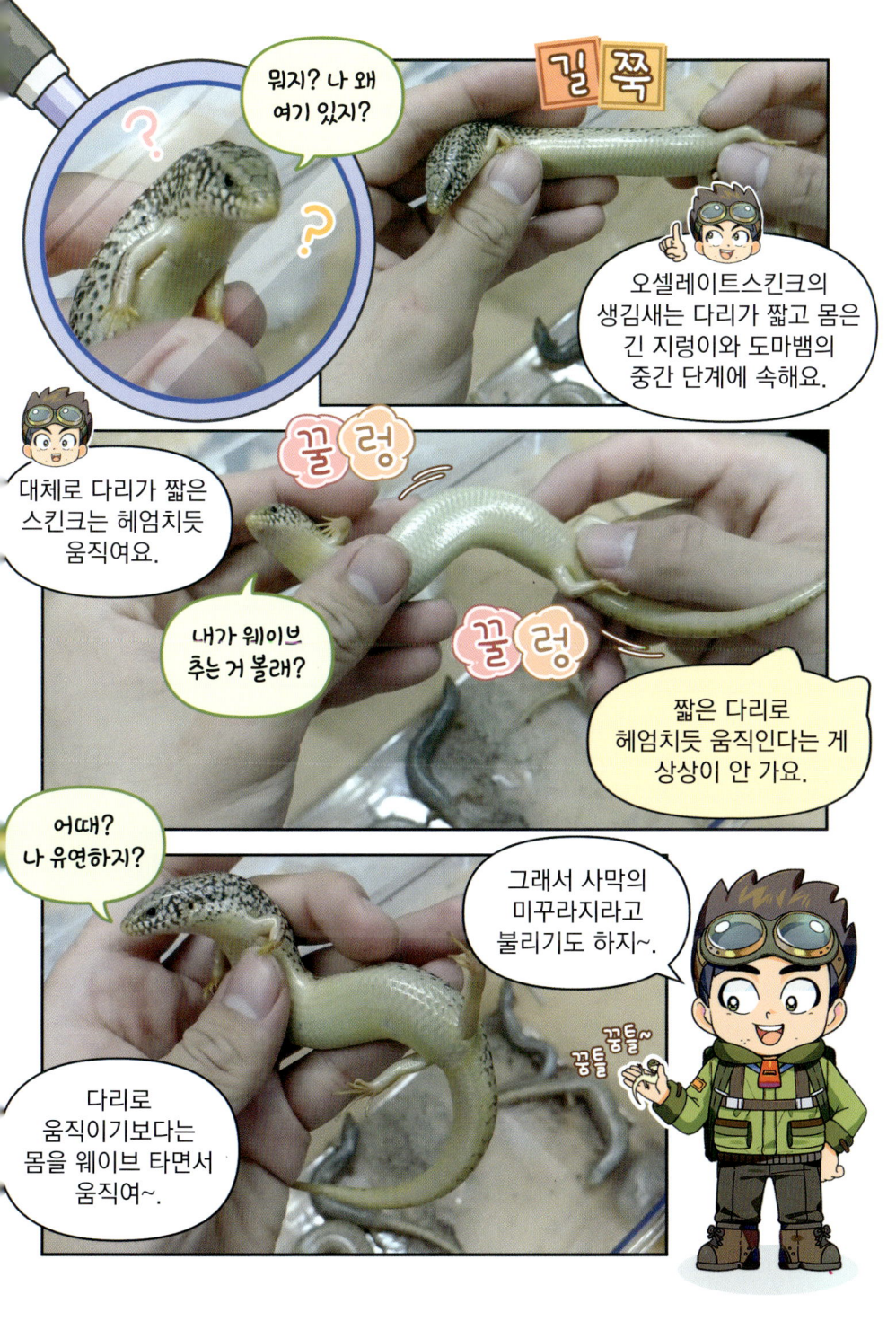

*스팟존: 열이 가해지는 지점

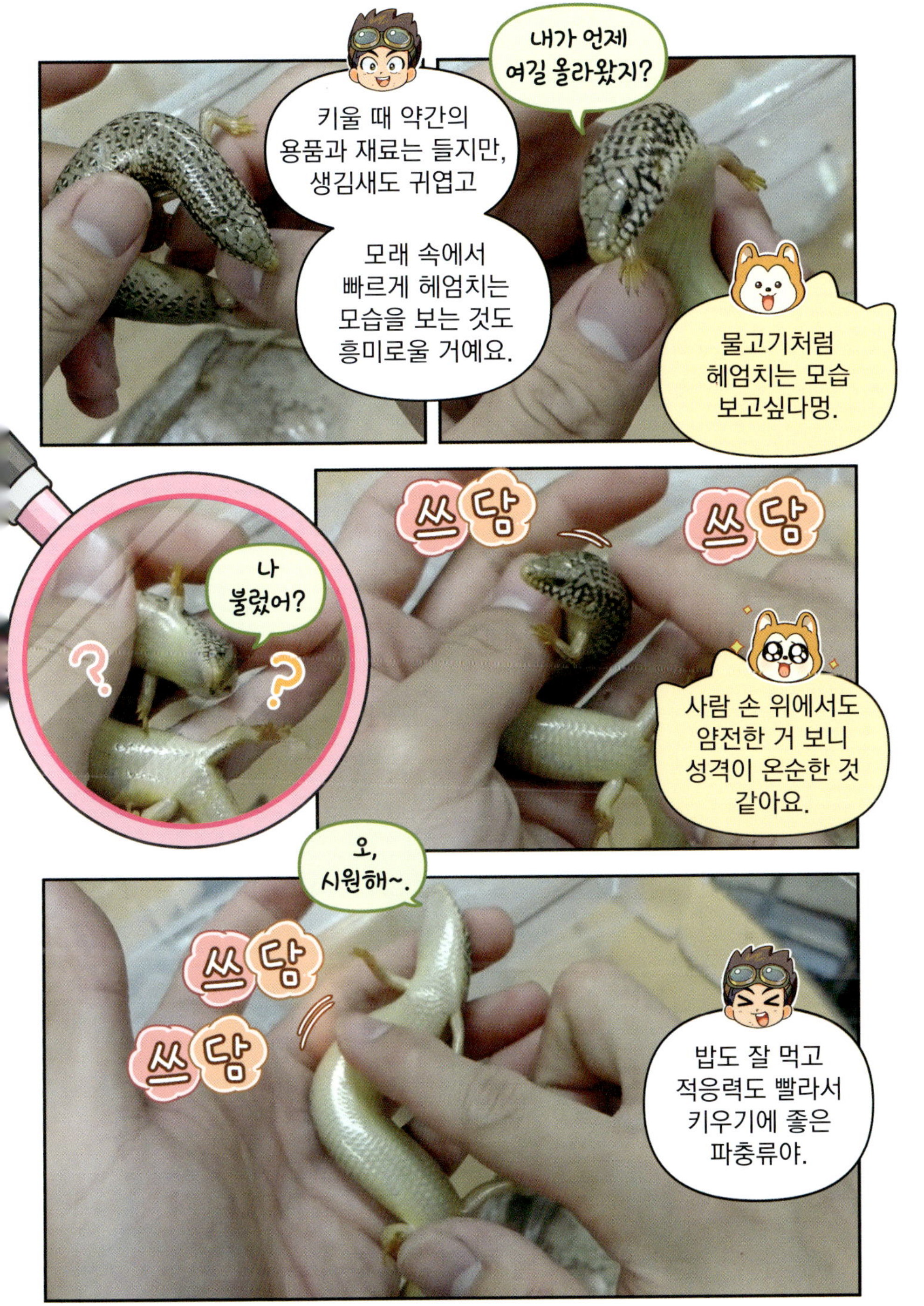

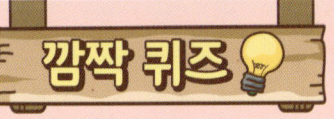

5화

초등 교과 연계
3학년 2학기: 동물의 생활

희귀 도마뱀 일렉트릭블루데이게코.

"지금은 한국에서 쉽게 보기 힘든 희귀 도마뱀 일렉트릭블루데이게코를 소개할게요."

↑ 일렉트릭블루데이게코

"해외에서는 많이 키우고 있다고 들었는데 왜 한국에선 보기 힘든가요?"

"그 이유는 사이테스 등급이 1급으로 아주 높기 때문이야."

"사이테스 등급이 높으면 키우기 힘든가요?"

"등급이 높을수록 거래 절차가 까다롭고 제약이 많아 사실상 개인 사육이 불가능하거든."

사이테스(CITES)란?
멸종 위기에 처한 야생 동식물을 보호하기 위해 무역을 제한하는 국제 협약으로 5,000여 종의 동물과 28,000여 종의 식물 등 약 33,000종의 생물종이 등재되어 보호받고 있어요.

크기가 작고 움직임이 빨라서 키울 때 잘 보이지 않는 것이 아쉬워요.

내가 빠르긴 하지.

어디 숨었을까?

그나마 수컷은 색깔이 화려해서 눈에 잘 보이는 편이에요.

암컷은 어두운 색상이라 그런지 찾기가 어려워요.

일렉트릭블루 데이게코 색깔 정말 예뻤지?

깜짝 퀴즈

멸종 위기에 처한 야생 동식물을 보호하기 위해 무역을 제한하는 국제 협약은 무엇일까요?

ㅅ ㅇ ㅌ ㅅ **협약**

정답과 설명은 127p에서 확인!

6화 초등 교과 연계
3학년 1학기: 동물의 한살이

도마뱀의 탈피를 도와줘요.

쉿! 지금 싱글백스킨크 방울이가 탈피를 하고 있어요.

끼잉 끼잉

싱글백스킨크
이름: 방울이

탈피를 하는 시간이 오래 걸리네요~.

그렁 도와줘!
그렁

혼자서 잘하긴 하지만 몸이 조금 불편해 보이네.

지쳐 보인다멍.

도마뱀의 탈피란?
탈피란 파충류나 곤충이 자라면서 허물을 벗는 것을 말해요. 탈피 전에는 비늘이 하얗게 뜨고 밥도 잘 먹지 않습니다. 이때는 스트레스를 받는 시기이므로 건들지 말고 스스로 탈피하도록 두는 게 좋아요.

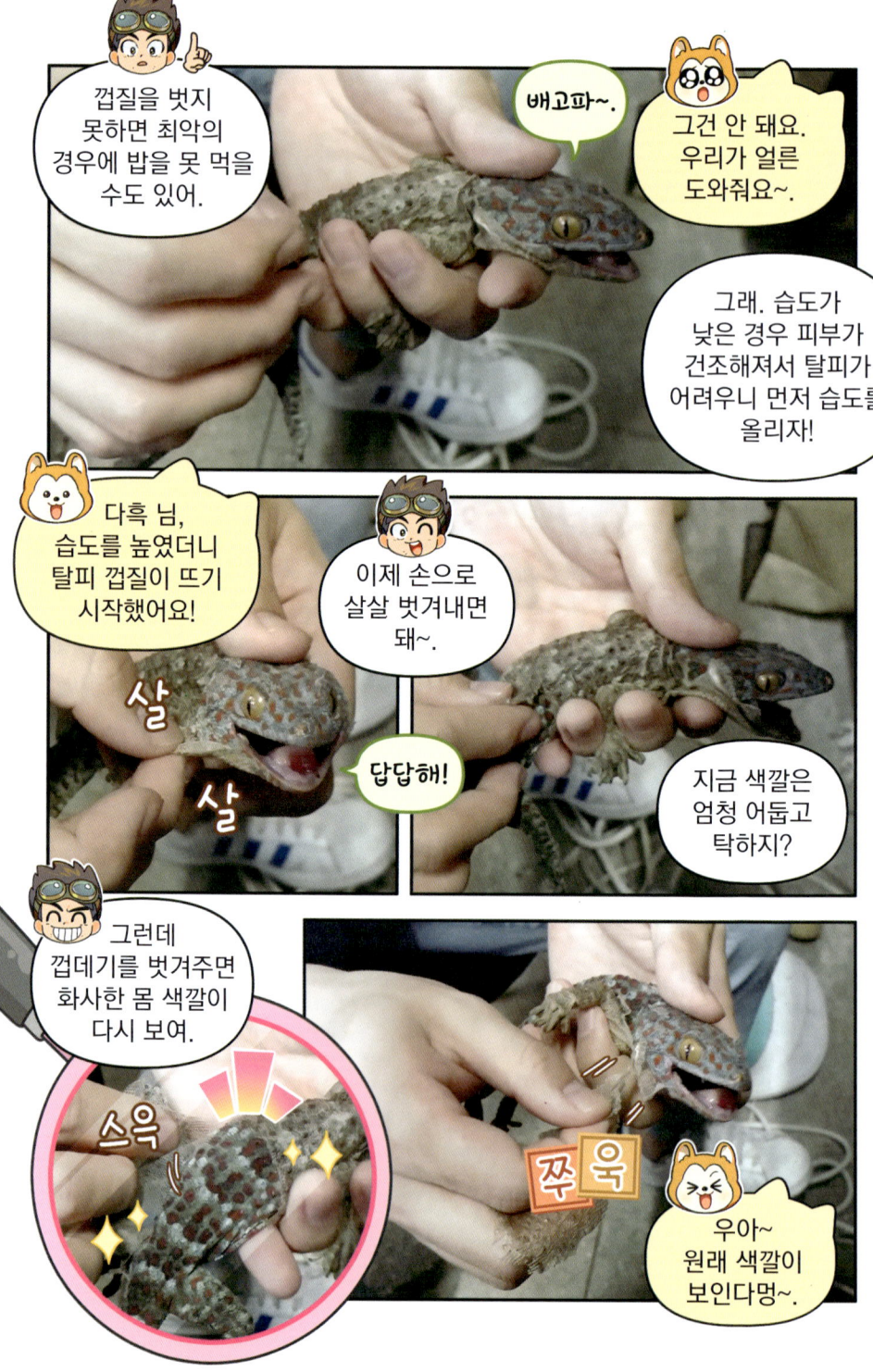

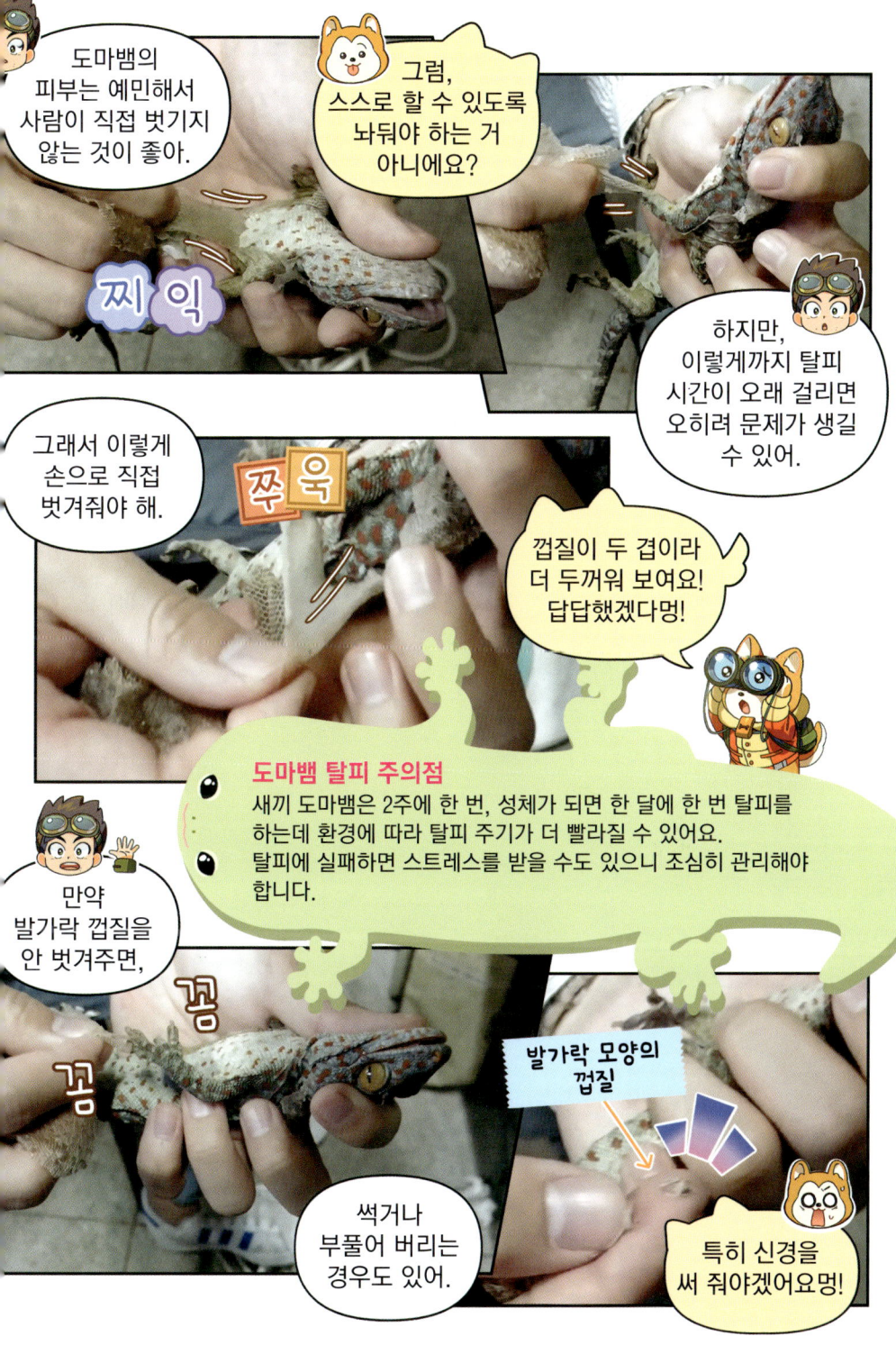

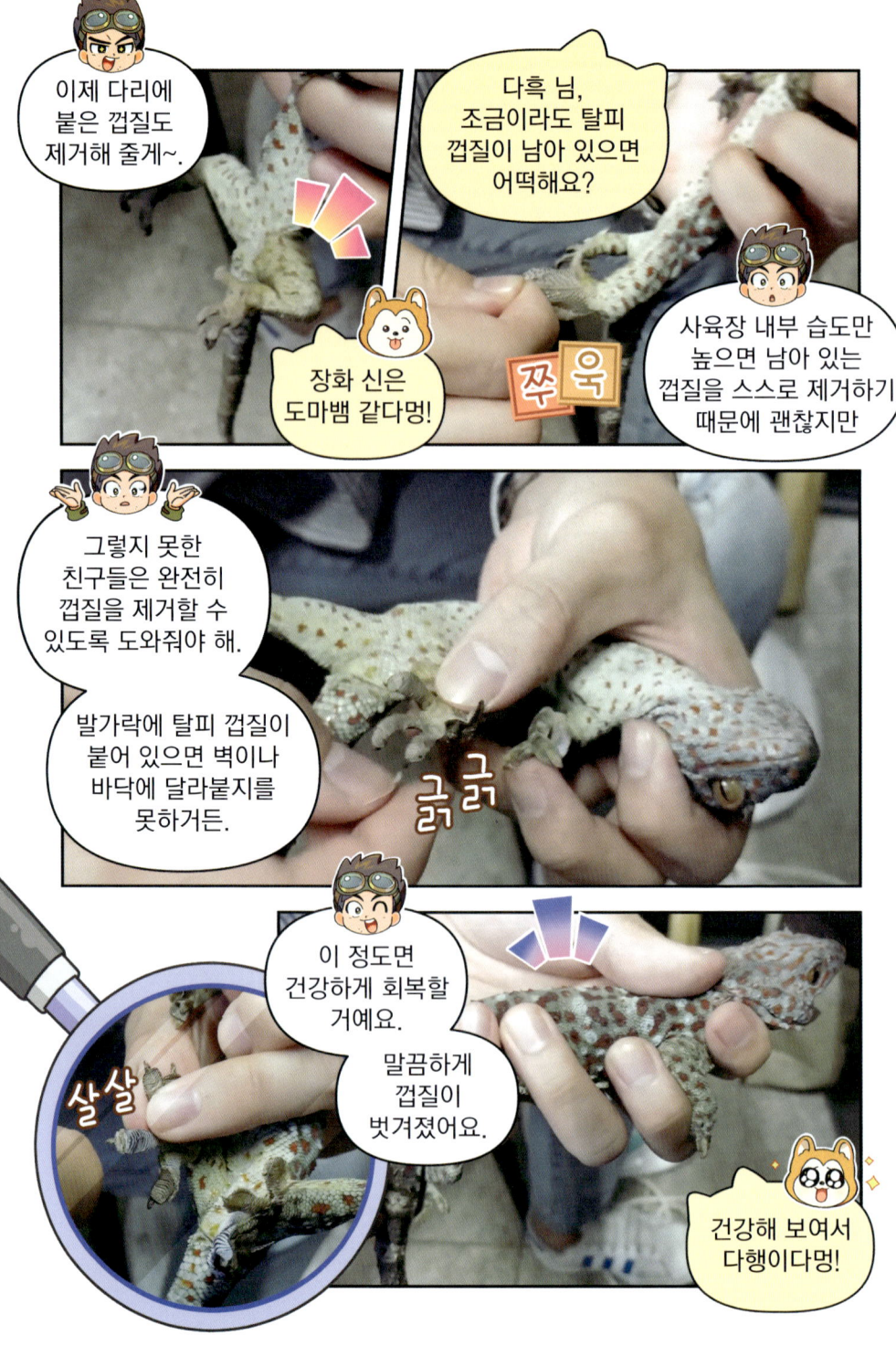

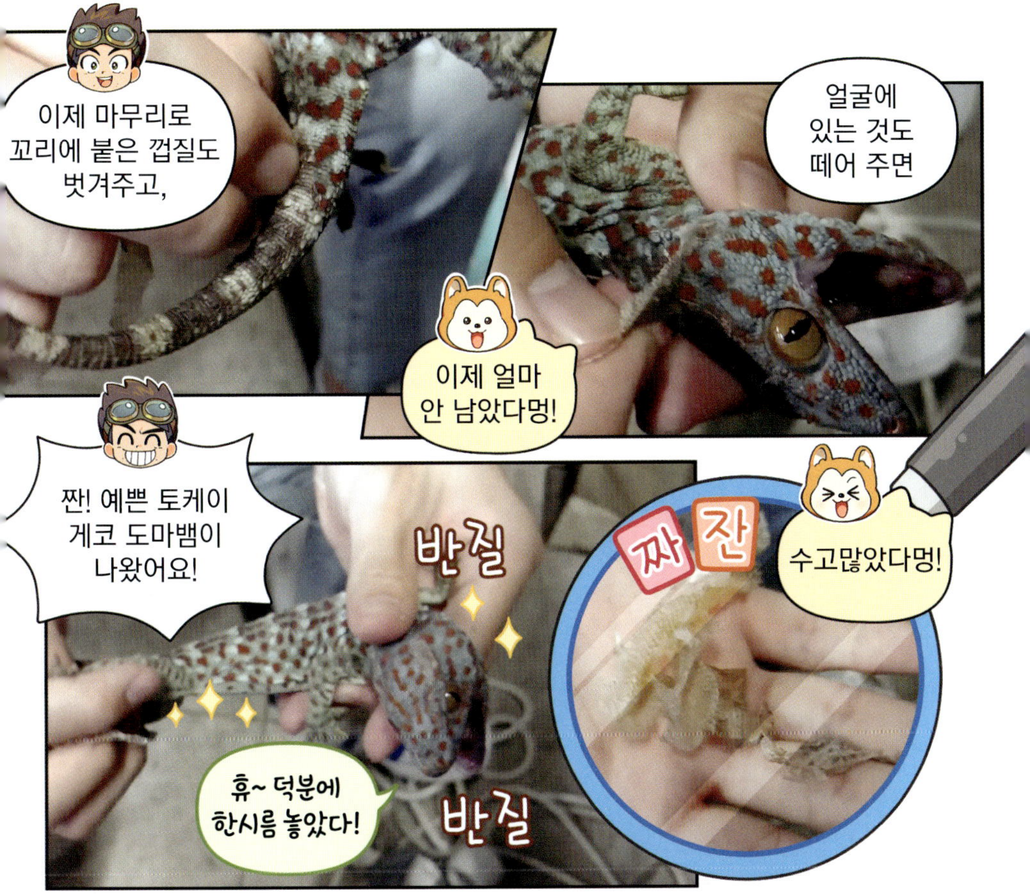

이제 마무리로 꼬리에 붙은 껍질도 벗겨주고,

얼굴에 있는 것도 떼어 주면

이제 얼마 안 남았다멍!

짠! 예쁜 토케이 게코 도마뱀이 나왔어요!

반질

자잔

수고많았다멍!

휴~ 덕분에 한시름 놓았다!

반질

이제 방울이도 시원하겠지?

깜짝 퀴즈

파충류나 곤충이 자라면서 허물이나 껍질을 벗는 것을 뜻하는 단어는 무엇일까요?

1. 탈피   2. 한살이   3. 짝짓기

정답과 설명은 127p에서 확인!

61

카멜레온에 대해 알아보아요!

초등 교과 연계
3학년 1학기: 동물의 한살이
3학년 2학기: 동물의 생활

카멜레온의 특징

카멜레온은 주로 아프리카와 마다가스카르섬에 서식합니다.
몸 색깔을 자유롭게 바꾸고 긴 혀로 먹이를 잡아먹는 것이 큰 특징이에요. 기분이 좋고 나쁠 때, 짝짓기 상대를 찾을 때, 체온 조절을 할 때 몸 색깔을 바꿔요. 주로 나무 위에서 살며 같은 크기의 긴 네 다리와 나뭇가지에 매달릴 수 있는 강한 꼬리를 가지고 있어요. 양쪽 눈은 360도로 따로따로 움직이면서 주위를 경계하고, 재빠르게 먹이를 찾아서 낚아챌 수 있습니다.
혀는 머리와 몸통을 합친 길이보다 길며, 끝이 둥글고 끈적끈적해서 먹이를 잡기에 좋아요.

카멜레온의 종류

세계에서 가장 큰 덩치!
파슨카멜레온

알록달록 색이 예쁜 카멜레온!
팬서카멜레온

투구처럼 머리가 솟은 카멜레온!
베일드카멜레온

카멜레온의 한살이

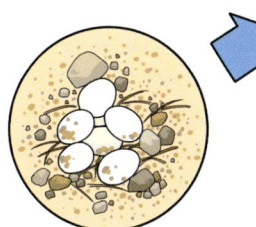

카멜레온의 한살이

1. 알이 태어났어요.
2. 알에서 새끼 카멜레온이 깨어나고 있어요.
3. 탈피하면서 몸이 커졌어요!
4. 멋진 성체로 자라났어요!

카멜레온 구조

- 피부에 색을 바꿀 수 있는 세포가 있어서 피부색을 바꿀 수 있어요.
- 카멜레온의 발가락은 5개입니다. 뒷다리에 2개, 앞다리에 3개로 갈라져 있어 나뭇가지를 잘 잡을 수 있습니다.
- 눈이 360도로 움직여서 주변을 넓게 볼 수 있어요. 시력이 좋으며 양쪽 눈이 따로 움직입니다.
- 끈끈하고 긴 혀로 30cm 떨어진 먹이도 낚아채요.
- 카멜레온은 꼬리의 힘이 강해요!

초등 과학 교과 연계

1. 초등학교 3학년 1학기 _ 동물의 한살이
2. 초등학교 3학년 2학기 _ 동물의 생활

2
브리더들의 도마뱀과 카멜레온 '키우기'

7화
워터모니터를 소개합니다.

오늘은 국내에서 제일 큰 워터모니터가 있다는 학교에 방문했어요.

워터모니터는 코모도드래곤 다음으로 크기가 큰 종으로, 높은 지능을 가진 초대형 파충류로 알려져 있어요.

워터모니터

주인을 알아볼 정도로 지능이 뛰어나다고 들었어요.

맞아! 다른 도마뱀들보다 기억력이 좋고 지능이 뛰어나다고 해.

수컷
특징: 순둥이

쓰담

암컷
특징: 사고뭉치

수컷이 암컷보다 덩치가 크다멍!

워터모니터란?
몸이 굵고 튼튼한 비늘로 덮여 있으며 크기는 약 1.5~2m입니다. 수영에 능숙한 동물로 날카로운 발톱을 이용해 나무 위를 오르기도 해요. 땅속에 15개 이상의 알을 낳습니다.

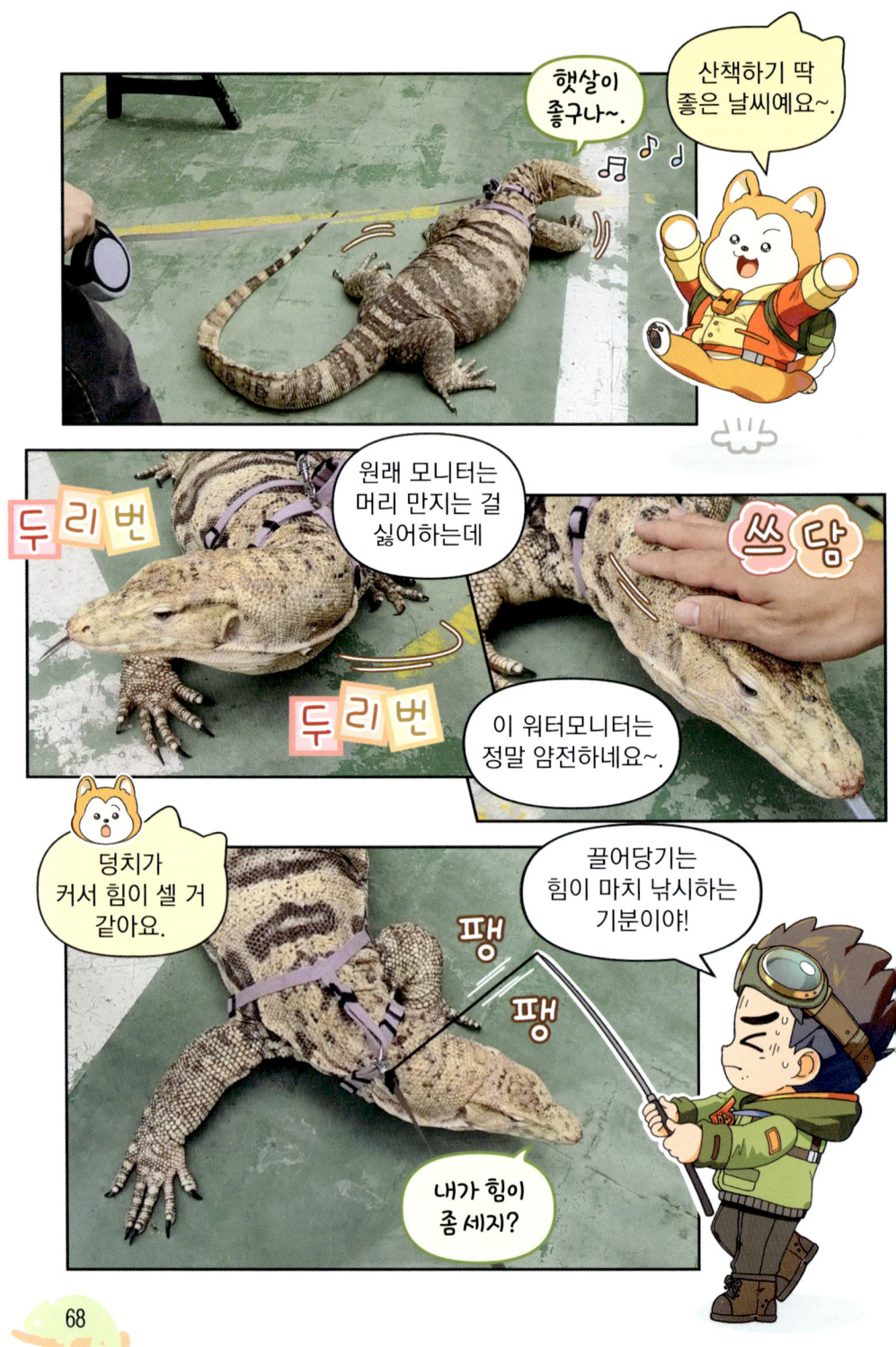

두 번째로 소개할 친구는 세계에서 긴 도마뱀 중 하나인 왕도마뱀 크로커다일모니터입니다.

크로커다일모니터

지금은 작아도 워터모니터만큼 커진다는 게 믿어지지 않아요.

크로커다일모니터란?
뉴기니와 그 인근 섬에 서식하는 왕도마뱀의 일종으로 꼬리가 몸 길이의 2배 이상 길어요. 평균 1.5~2.6m까지 자라며 나무 위에서 주로 생활하는 교목성 파충류로 발톱이 매우 날카롭고 강합니다.

이 친구는 정말 악어같이 날카로운 이빨을 갖고 있어.

몸 크기에 비해 머리와 발이 큰 거 같아요!

지금 내 얘기 한 거야?

스륵

72

성체일 때도 화려한 몸 색깔을 유지하는 몇 안 되는 종이야.

색깔이 아름답다멍!

크로커다일 모니터랑 빨리 친해지고 싶어요~.

사나워서 *테이밍이 어려운 편이야.

남들보다 조금 예민한 거 뿐이야.

이빨도 매우 날카롭고 기다란 발톱과 거센 악력을 가져서 조심해야 해.

정말 큰 도마뱀을 봤어~.

깜짝 퀴즈

워터모니터는 세계에서 가장 큰 도마뱀이에요.

O   X

정답과 설명은 128p에서 확인!

*테이밍: '길들여진', '길들이다'라는 뜻으로 파충류가 사람에게 익숙해지도록 길들이는 행위를 뜻함.

사람을 좋아하는 사바나모니터

모니터 종을 키우고 있는 브리더의 사육 방을 방문하게 되었어요.

여긴 엄청 습하네요!

가장 먼저 소개해 줄 생물은 흔히 볼 수 있는 사바나모니터예요.

사바나 모니터
특징: 성장기라 많이 먹어요!

누구야?

먹을 건가?

다흑 님, 모니터가 저를 물려고 해요!

튼튼

모니터가 물려고 한다면 먹이 반응이 좋다는 거라서 걱정 안 해도 돼.

건강히 잘 크고 있구나멍!

사바나모니터란?
사바나모니터는 아프리카 사바나 초원에 사는 왕도마뱀이에요. 사이테스(CITES) 2급으로 수명은 10~15년, 길이는 약 80~120cm 입니다. 사바나 모니터는 땅 속 깊숙이 들어가서 산란해요.

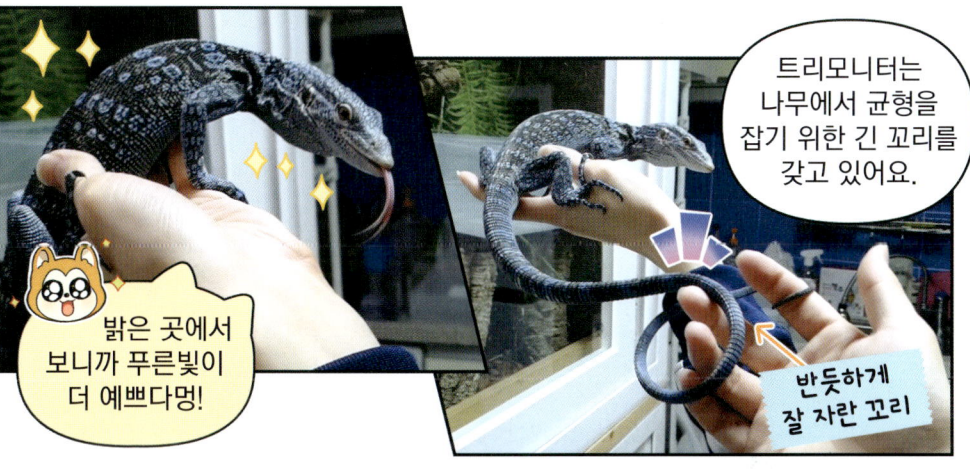

어? 또 맛있는 거 주는 거야?

빼꼼

뭐야! 먹이인 줄 알았잖아!

미안, 미안~ 이빨 다치겠다~.

시력이 좋아 멀리서도 핀셋과 먹이를 인식하고 뛰어와요.

덥석

다흑 님 모니터 종을 잘 키우기 위해 신경 써야 할 것들은 뭐가 있을까요?

아무래도 몸집이 큰 모니터들에게 맞는 넓은 사육 환경과 케어가 중요하다고 생각해.

다음에 또 놀러 와~.

오늘도 많은 도마뱀을 만났어!

깜짝 퀴즈 💡

몸이 노란색으로 화려하며, 물을 좋아하는 도마뱀은 누구일까요?

1. 액키모니터 2. 사바나모니터
3. 퀸즈모니터

정답과 설명은 128p에서 확인!

81

9화
방 안에 도마뱀이 가득해요!

오늘은 다양한 도마뱀을 기르고 있는 초등학생 브리더의 집을 방문했어요.

우아! 방 안에 도마뱀이 한가득 있어요!

사바나 모니터

집에 웬 야생 동물이!

큼 직

시끄러워서 깼잖아!

언 짠 쓱

깨워서 미안해~ 성체가 되어 건강하게 자란 모습을 보니 뿌듯했어~.

공룡처럼 생겼어요!

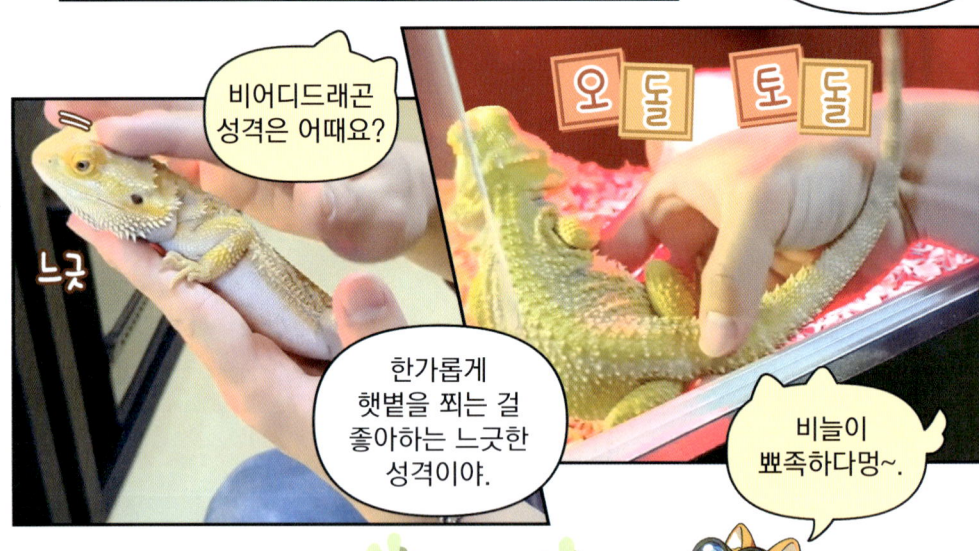

비어드래곤은 목 주위에 가시 같은 비늘이 턱수염처럼 보인다고 해서 지어진 이름이야~.

양쪽이 불룩하다멍!

불룩

수컷은 꼬리가 시작하는 부분이 양쪽으로 불룩하고 암컷은 이 부분이 밋밋해.

비어드래곤

비어드래곤 성격은 어때요?

느긋

한가롭게 햇볕을 쬐는 걸 좋아하는 느긋한 성격이야.

오돌토돌

비늘이 뾰족하다멍~.

비어드래곤이란?
호주의 건조한 사막에서 서식하는 도마뱀입니다. 호주의 서부, 동부, 중부 지역에 따라 다양한 비어드래곤이 있는데, 서부 비어드래곤은 날쌔고 동부 비어드래곤은 사나워요.

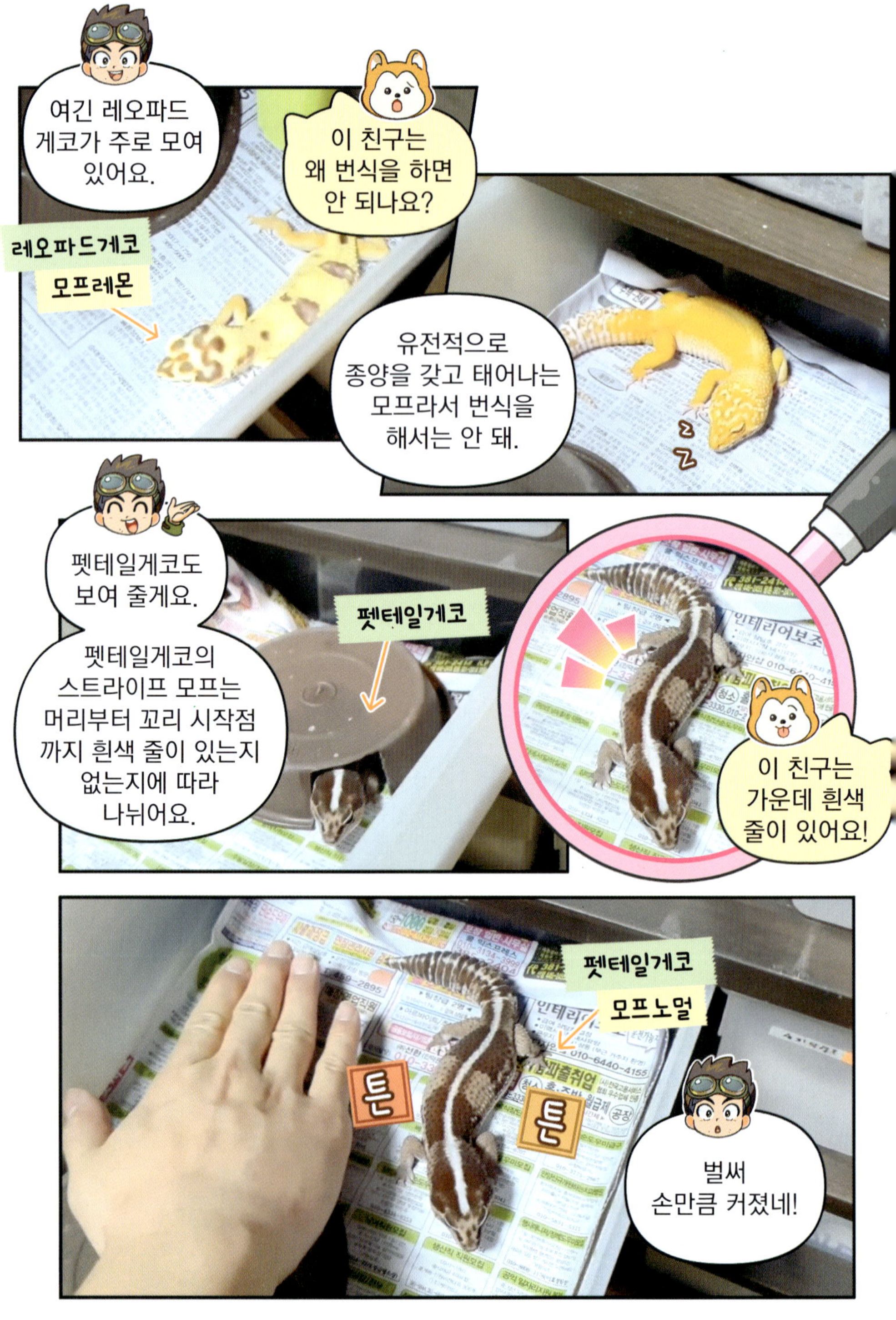

아까 보던 친구와 달리 하얀 스트라이프가 없어요~.

이 친구의 모프는 오레오인데 회색 톤을 띠는 게 특징이야.

펫테일게코 모프오레오

어린 학생이 관리한다고 믿기 어려울 정도로 정말 건강하게 잘 키운 거 같아요.

다흑 님 생물을 키울 때 가장 중요한 건 무엇일까요?

반질 반질

내가 생각할 땐 생물을 꾸준히 관리하고

책임감 있게 키우는 끈기가 필요해.

도마뱀을 정말 예쁘게 잘 키웠네~!

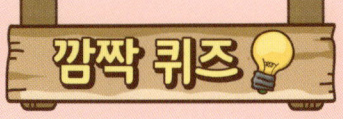

깜짝 퀴즈 💡

OOO도마뱀은 위협을 느낄 때 목 둘레의 목도리를 펼쳐요.

ㅁㄷㄹ **도마뱀**

정답과 설명은 128p에서 확인!

다양한 도마뱀을 알아보아요!

아메리카독도마뱀

내 몸엔 무시무시한 독이 있지!

코모도드래곤

난 지구에서 가장 크지!

카메룬드워프게코

이렇게 작은 도마뱀 봤어?

레오파드게코

알록달록한 몸 색깔이 내 매력이야.

11화
신기한 드래곤 도마뱀을 만나러 가요.

오늘은 퐝이와 함께 드래곤 도마뱀을 구경하러 왔어요.

다흑 님, 얼른 구경 해요!

첫 번째로 보여드릴 친구는 에게르니아앱시솔루스! 줄여서 '앱시'라고 불러.

→ 에게르니아앱시솔루스

에게르니아앱시솔루스란?
호주 필바라의 고유종이며, 수명은 약 20~30년이고 크기는 약 14cm입니다. 멸종 위기에 처해 있으며, 암석 지역에 주로 숨어 있습니다.

특히 색깔이 예쁜 것 같아요.

용을 닮은 외모로 인기가 많아.

귀염 ♥ 귀염 ♥

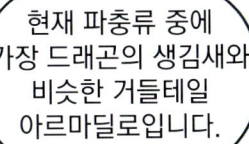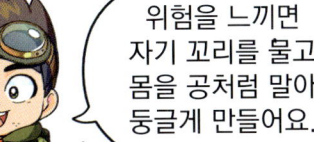

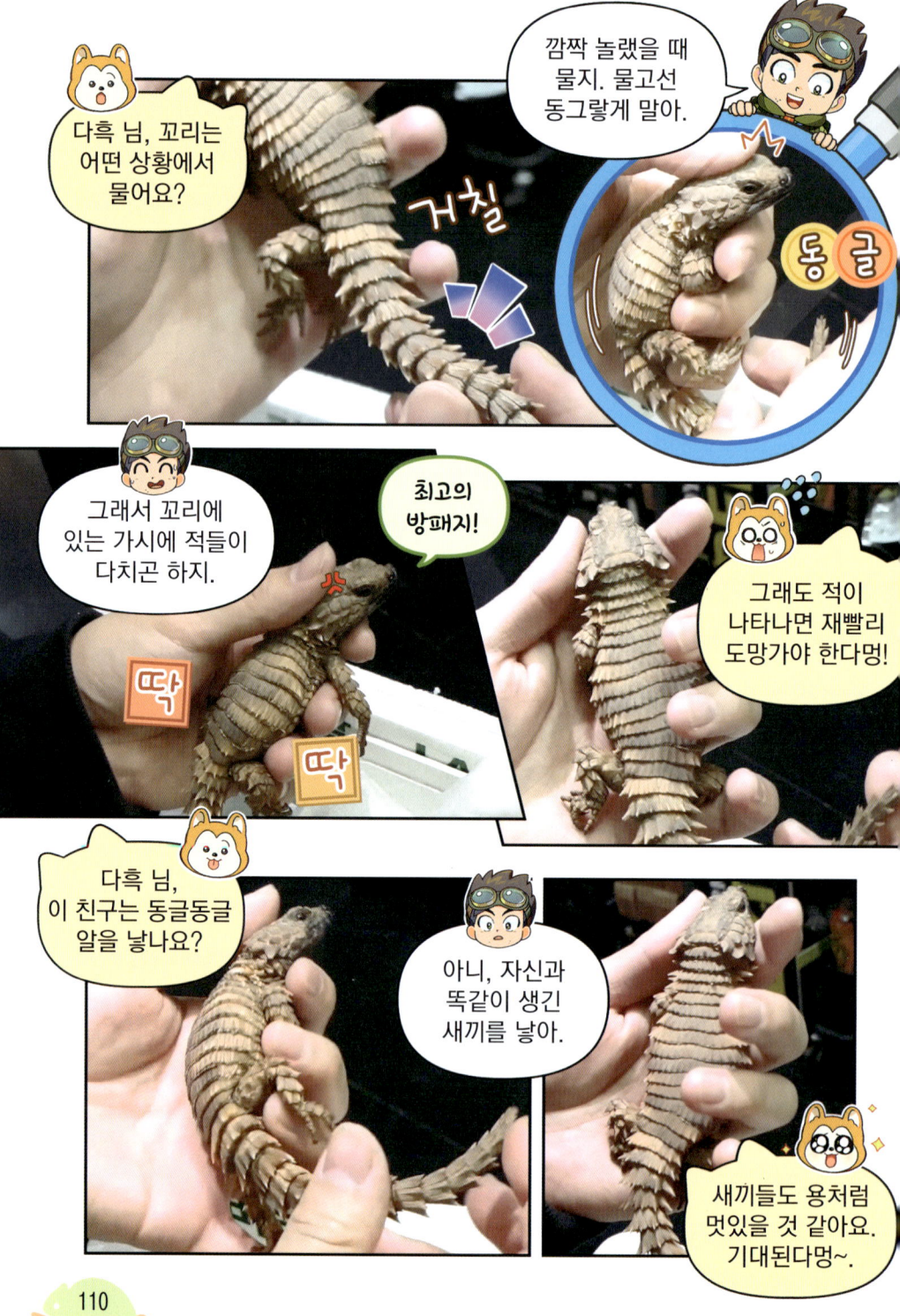

새끼의 크기도 큰 편이고 가족들이 다 같이 지켜 줘서 생존율도 높은 편이야.

그런데 밀렵 때문인지 야생에선 개체 수가 많이 줄었어.

불 뿜어 줄까?

만화 속에 나오는 드래곤을 닮았어요!

꿈에 그리던 파충류들을 만나 너무 즐거웠어.

다음에 또 보자~.

더 보고 싶은데 아쉽다멍~.

나중에 또 보러 오자~.

깜짝 퀴즈

에게르니아바디아의 ○○에는 뾰족뾰족한 가시가 나 있는데 ○○은 어디일까요?

꼬리

정답과 설명은 129p에서 확인!

블랙스파니테일이구아나란?
중앙아메리카 멕시코 등 다양한 국가에 서식해요. 꼬리의 날카로운 가시 때문에 검은 가시 꼬리 이구아나라고 불려요. 힘을 느끼면 몸을 부풀리고 가시가 솟은 긴 꼬리를 휘둘러 자신을 방어해요.

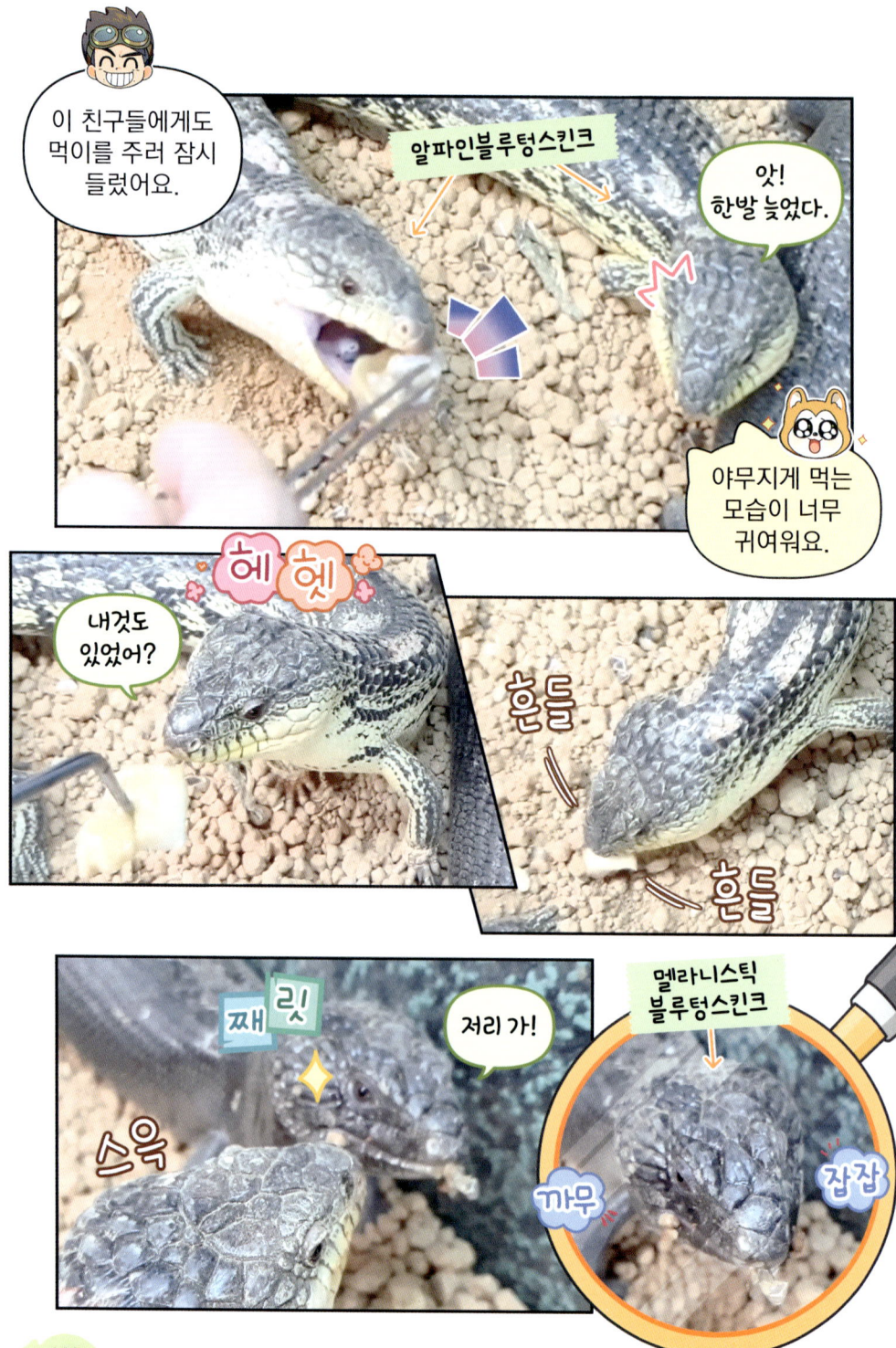

물 위를 뛰는 그린바실리스크를 소개할게요.

그린바실리스크

국내에서 보기 힘들다는 성체 사이즈예요.

짜 잔

오! 신비로운 색이다멍!

그린바실리스크
멕시코 남부, 중앙아메리카, 콜롬비아에 주로 서식해요. 천적을 만나면 물 위를 달려서 달아납니다. 수컷은 머리와 몸에 세 개의 볏이 있지만, 암컷은 머리 위에만 볏이 있습니다.

벌써 눈치를 보고 도망갈 준비를 하고 있네요.

판타지 영화에서 튀어나올 것 같다멍~.

꿀꺽

스윽

근처에 갔더니 도망가 버렸다멍.

더 이상 길이 없어.

어떡하지?

그린바실리스크는 겁이 많아서 환경에 더욱 신경을 써 줘야 해요.

팡야, 희귀한 파충류들 구경 잘했어?

네! 신비롭고 멋진 파충류들을 보니 감동이었어요.

희귀 도마뱀을 잔뜩 보았어!

깜짝 퀴즈

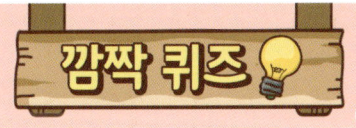 

천적을 만나면 물 위를 달려서 달아나는 도마뱀은 누구일까요?

1. 그린바실리스크 2. 차이니즈크로커다일
3. 라이노이구아나

정답과 설명은 129p에서 확인!

초등 교과 연계
3학년 1학기: 동물의 한살이
3학년 2학기: 동물의 생활

파충류와 양서류의 차이

도마뱀은 카멜레온, 뱀처럼 파충류이며 도롱뇽은 개구리, 두꺼비와 같은 양서류입니다. 도롱뇽은 살갗이 매끈한데 도마뱀은 온몸이 단단한 비늘로 덮여 있습니다. 도롱뇽은 피부로 호흡하지만 도마뱀은 폐로 숨을 쉬어요.

도마뱀은 도롱뇽보다 꼬리도 길고 움직임도 훨씬 빨라요. 그리고 혀를 날름거리며 냄새를 맡지요. 도롱뇽은 코로 냄새를 맡기 때문에 혀를 내밀지 않는답니다. 도마뱀은 발가락이 모두 5개씩이지만 도롱뇽은 앞의 발가락이 4개입니다.

비슷한듯 다른 도마뱀과 도롱뇽!

도마뱀

도마뱀 VS 도롱뇽

도롱뇽

도마뱀 꼬리가 잘렸을 땐?

도마뱀의 잘린 꼬리를 본 적이 있나요? 겁이 많은 도마뱀은 위협을 느낄 때 위기를 벗어나기 위하여 몸의 일부를 스스로 끊는 '자절'을 합니다. 잘린 꼬리에는 신경이 남아 있어서 꼬리가 끊겨도 스스로 움직입니다. 꼬리를 끊을 때 몸과 꼬리를 연결하는 혈관을 수축시키기 때문에 피가 나지는 않아요. 하지만 모든 도마뱀의 꼬리가 다시 재생되는 건 아니에요. 비어디드래곤처럼 신경이 없는 도마뱀도 있으며 크레스티드게코처럼 꼬리가 재생되지 않을 수도 있어요.

도마뱀의 짝짓기

수컷과 암컷은 성체가 되면 짝짓기를 할 수 있어요. 짝짓기는 '메이팅'이라고도 합니다.

수컷이 암컷의 목을 물면 짝짓기를 하려는 겁니다. 도마뱀마다 조금씩 다르지만 보통 1~2개월 지나면 산란해요.

깜짝 퀴즈 정답 풀이

1화

카멜레온은 온도와 기분에 따라 색이 바뀐다?

정답: O

카멜레온의 몸 색깔은 컨디션, 습도, 온도, 기분에 따라 변해요. 적을 위협할 때는 진하고 화려하게, 잘 때는 주변의 색과 맞춰 비슷한 색으로 바뀝니다.

2화

수명이 40~50년으로 길고, 평생 하나의 짝을 갖는 도마뱀의 이름은 무엇일까요?

싱글백스킨크

정답: 싱글백스킨크

번식기인 봄에 짝을 만나 2~3달을 함께 지내며 교미하고 헤어진 후, 그다음 해가 되면 같은 짝을 만나 번식을 해요. 이 관계는 20년 넘게 유지되는 경우도 있어요.

3화

드래곤을 닮은 아머드스킨크는 신체 부위인 _____에 따라 이름이 바뀌는데 어떤 신체 부위일까요?

1. 눈 2. 다리 3. 꼬리

정답: 1. 눈

눈 주위가 빨간색이며 온 몸이 딱딱한 비늘로 덮여 있어서 갑옷을 두른 것 같아요. 눈의 색상에 따라 레드아이, 화이트아이로 구분 지어요.

4화

오셀레이트스킨크는 모래 속을 헤엄치고 다녀요.

정답: O

오셀레이트스킨크는 주로 북부 아프리카와 남부 이탈리아에 살며, 최대 약 23cm까지 크고 수명은 10~12년 정도입니다. 모래 속에서 수영하듯이 다니며 매우 민첩한 도마뱀입니다.

5화

멸종 위기에 처한 야생 동식물을 보호하기 위해 무역을 제한하는 국제 협약은 무엇일까요?

ㅅㅇㅌㅅ 협약

정답: 사이테스 협약

멸종 위기에 처한 야생 동식물을 보호하기 위해 무역을 제한하는 국제 협약으로 5,000여종의 동물과 28,000여종의 식물 등이 등재되어 보호받고 있어요.

6화

파충류나 곤충이 자라면서 허물이나 껍질을 벗는 것을 뜻하는 단어는 무엇일까요?

1. 탈피 2. 한살이 3. 짝짓기

정답: 1. 탈피

탈피란 파충류나 곤충이 자라면서 허물을 벗는 것을 말해요. 탈피 전에는 비늘이 하얗게 뜨고 밥도 잘 먹지 않습니다. 이때는 스트레스를 받는 시기이므로 건들지 말고 스스로 탈피하도록 두는 게 좋아요.

깜짝 퀴즈 정답 풀이

7화

워터모니터는 세계에서 가장 큰 도마뱀이에요.

정답: X

워터모니터는 코모도드래곤 다음으로 크기가 큰 종으로, 높은 지능을 가진 초대형 파충류로 알려져 있어요. 몸이 굵고 튼튼한 비늘로 덮여 있으며 크기는 최대 1.5m~2m입니다.

8화

몸이 노란색으로 화려하며, 물을 좋아하는 도마뱀은 무엇일까요?

1. 액키모니터 2. 사바나모니터 3. 퀸스모니터

정답: 3. 퀸스모니터

퀸스(Quince)는 모과와 비슷한 노란색 과일로 퀸스모니터의 몸이 노란색으로 화려해서 붙여진 이름입니다. 물에서 사는 것을 좋아하며, 인도네시아에 서식하고 있어요.

9화

ooo도마뱀은 위협을 느낄 때 목 둘레의 목도리를 펼쳐요.

ㅁㄷㄹ도마뱀

정답: 목도리도마뱀

목도리도마뱀은 주로 호주와 인도네시아에 서식하고 있어요. 위험을 느끼거나 상대방을 위협할 때는 목둘레의 '목도리(frill)'를 우산 모양으로 펼치고 입을 크게 벌려요.

10화

팬서카멜레온은 지역별로 몸 색깔이 다르지 않아요.

O X

정답: X

팬서카멜레온은 마다가스카르섬에서도 가장 몸의 색이 예쁜 카멜레온입니다. 지역에 따라 다양한 색을 띠는데 수컷의 몸이 더 화려하고 몸에 가로로 흰 줄이 나 있어 구별하기 쉽습니다.

11화

에게르니아바디아의 OO에는 뾰족뾰족한 가시가 나 있는데 OO은 어디일까요?

정답: 꼬리

바디아는 에게르니아종 중에 가장 크기가 커요. 바디아는 위로 솟아오른 형태의 가시라 만지면 아주 따가워요. 꼬리를 흔들 때 부딪히면 손에 구멍이 날 수도 있어요.

12화

천적을 만나면 물 위를 달려서 달아나는 도마뱀은 누구일까요?

1. 그린바실리스크
2. 차이니즈크로커다일
3. 라이노이구아나

정답: 1. 그린바실리스크

멕시코 남부, 중앙아메리카, 콜롬비아에 주로 서식해요. 천적을 만나면 물 위를 달려서 달아납니다. 수컷은 머리와 몸에 세 개의 볏이 있지만, 암컷은 머리 위에만 볏이 있습니다.

에필로그

다흑에게 온 질문

독자를 위해 도마뱀을 열심히 설명해 준 다흑. 다흑의 설명을 듣고 도마뱀의 이름을 찾았다고 연락이 오는데….

실시간 채팅

 다흑 님! 찾았어요!

오! 제가 추천해 준 영상들이 도움이 되었나요?

 네! 물론이죠! 찾고 싶은 도마뱀뿐만 아니라 다양한 도마뱀과 카멜레온에 대해 알 수 있어서 정말 좋았어요!

다행이에요! 앞으로도 모르는 도마뱀이 있다면 제 영상을 참고해 주세요.

실시간 채팅

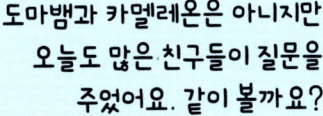 도마뱀과 카멜레온은 아니지만 오늘도 많은 친구들이 질문을 주었어요. 같이 볼까요?

안녕하세요. 돌려보내 주긴 했는데 얘는 뭘까요?

 황조롱이가 베란다에 있다니!

황조롱이요ㅋㅋㅋㅋㅋㅋㅋㅋ

이 거미 해충은 아니겠죠? 죽이고 싶지 않아요….

 '헌츠맨'이라는 거미예요! 집에서 나오다니!

사진주세요!

실시간 채팅

아니! 엄청 희귀한 넓적배사마귀예요!

다흑 님 이런 색깔의 사마귀 처음 보는데 혹시 보신 적 있으세요? 단풍 색깔이랑 똑같았어요!

아니! 어디죠?

안녕하세요. 혹시 이 애벌레 뭔가요? 저희 학교 운동장에 엄청 많이 돌아다녀서요.

암끝검은표범나비의 애벌레네요!

암끝검은표범나비요.

다들 이런 동물은 어떻게 찾아내시는 거예요~. ㅎㅎ

실시간 채팅

그런데 친구들이 이 동물에 대해서도 질문이 엄청 많은 것 같아요.

어떤 동물이요?

어떤 동물인지 궁금하죠?
이 동물에 대해선 다음번에 더 알려줄게요~.
조금만 기다려주세요.

그럼 다들 잘지내요!

네! 얼른 또 와 주세요!

음, 저 동물은 누구지?

다음 권은 어떤 동물일까?

무한의 계단
발명코믹북 2권 출간!

"이름을 말하는 순간, 공포가 너를 삼킬 것이다."

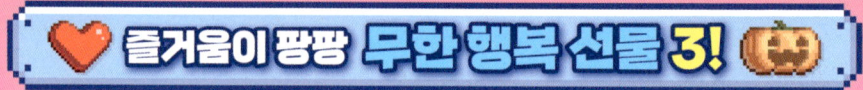
즐거움이 팡팡 무한 행복 선물 3!

① 게임 이모티콘 세트 2탄 (전독자)

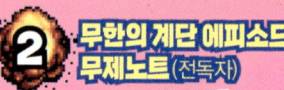
② 무한의 계단 에피소드 무제노트 (전독자)

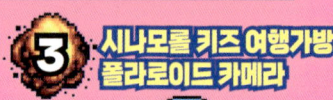
③ 시나모롤 키즈 여행가방 폴라로이드 카메라 (추첨 25명)

★ 띠지 뒷면의 번호 사용
(사용 방법은 168쪽 참고)

구입문의: 02-791-0708